베이스 기타 어드벤쳐

Lesson Book 1

by Steve Kershaw 초급용

《어드벤쳐 시리즈》 베이스 기타 교재는 일렉 기타 교재과 함께 사용할 수 있습니다. 각 레슨마다 일렉 기타와 함께 연주할 수 있는 음악이 한 곡 이상 수록되어 있습니다. 레슨 7부터는 일렉 기타, 드럼과 함께 연주할 수 있는 곡들이 있습니다.

악보에 🎸 기호가 있으면 일렉 기타, 🥁 기호가 있으면 드럼과 함께 연주하세요.

music tree

Foreword

세계적인 스테디셀러《A New Tune a Day》의 한국어판《어드벤쳐 시리즈》전권을 출간하게 된 것을 기쁘게 생각합니다.

최고의 전문가들이 참여하여 '가장 쉽게 시작하면서도, 정확하게 배울 수 있는 교수법'을 다년간 연구하였습니다. 이 교수법을 바탕으로 바이올린, 플루트, 기타 등 15개의 악기, 총 28권의 교재가 개발되었으며, 음대 교수님들과 오케스트라 음악감독 등 권위자의 감수를 통해 우수성을 검증받았습니다.

본 시리즈는 악기를 중간에 포기하는 일이 없도록 누구나 좋아하는 노래, 클래식, 재즈, 크리스마스 캐롤 등 친근한 레퍼토리를 통해 테크닉과 음악성을 동시에 길러주며, 세심하게 구성된 진도와 CD가 실력을 빠르게 쌓을 수 있도록 이끌어줄 것입니다. 각 악기별로 공통된 연주곡도 담겨있어 학교 앙상블 수업이나 동호회 연주회에도 효과적입니다. 바이올린 교재는 첼로, 비올라 교재와, 클라리넷은 색소폰과, 베이스 기타는 일렉 기타, 드럼 교재와 함께 사용할 수 있습니다.

《어드벤쳐 시리즈》로 평생 즐길 수 있는 나만의 악기를 찾고, 음악을 통해 새롭게 펼쳐질 풍요로운 삶을 누리시기 바랍니다.

한국어판 감수를 도와주신 서울대학교 최경환, 김재윤 교수님, 한국예술종합학교 오광호, 이강호, 이성우, 이성주, 이철웅 교수님을 비롯하여 원무연, 이하재, 조장휘, 진우경 교수님께 감사 드립니다.

🎼 《어드벤쳐 시리즈》만의 장점

- 교수법을 바탕으로 한 체계적인 진도
- 기초 음악이론과 클리닉을 위한 중간 테스트
- 관련 장비, 자세, 테크닉에 대한 친절한 설명
- 한 눈에 정리되는 운지법 차트와 스타일 차트
- 클래식, 재즈, 팝송 등 연주효과 탁월한 레퍼토리
- 각 레슨마다 학습목표 제시
- 자세와 운지법을 익힐 수 있는 사진과 그림
- 시범연주와 반주가 수록된 CD로 탁월한 연습효과

🎼 어드벤쳐 시리즈 구성

악기 종류별 레슨 교재		병행 교재		악기 종류별 레슨 교재		병행 교재	
관악기	플루트 어드벤쳐 레슨 1, 2	연주곡집	스케일 & 아르페지오 교재	현악기	바이올린 어드벤쳐 레슨 1	연주곡집	스케일 & 아르페지오 교재
	클라리넷 어드벤쳐 레슨 1, 2	연주곡집			첼로 어드벤쳐 레슨 1	연주곡집	
	트럼펫 어드벤쳐 레슨 1	연주곡집			비올라 어드벤쳐 레슨 1	연주곡집	
	트롬본 어드벤쳐 레슨 1	연주곡집		기타	클래식 기타 어드벤쳐 레슨 1	연주곡집	
	알토 색소폰 어드벤쳐 레슨 1, 2	연주곡집			어쿠스틱 기타 어드벤쳐 레슨 1	연주곡집	
	테너 색소폰 어드벤쳐 레슨 1	연주곡집			일렉 기타 어드벤쳐 레슨 1	연주곡집	
타악기	드럼 어드벤쳐 레슨 1	연주곡집			베이스 기타 어드벤쳐 레슨 1	연주곡집	
건반악기	피아노 어드벤쳐 레슨 1	연주곡집					

《병행교재》

- **연주곡집**: 레슨 교재 1권 중반부터 병행교재로 함께 배우거나, 독주 및 앙상블 레퍼토리로 활용하면 좋습니다.
- **스케일&아르페지오 교재**: 모든 악기에 사용할 수 있는 스케일&아르페지오 교재에는 전통 클래식 음악에 사용되는 장음계와 단음계 외에도 록과 재즈 연주에 도움이 되는 블루스, 펜타토닉, 디미니쉬 스케일 등이 수록되어 있어 탄탄한 테크닉을 길러줍니다.

Contents

A New Tune *A* Day

This book © Copyright 2007 Boston Music Company,
a division of Music Sales Limited.

Edited by David Harrison
Music processed by Paul Ewers Music Design
Original compositions and arrangements by Steve Kershaw
Cover and book designed by Chloë Alexander
Photography by Matthew Ward
Models: Dom Potts and Kate Hawkins

Backing tracks created and recorded by Guy Dagul
CD performance by Steve Kershaw and Pete Kershaw
CD mixed and mastered by Jonas Persson and John Rose
www.musicsales.com

이책의 한국어판 저작권은 Music Sales Limited와의
독점 계약으로 **musíc** tree 에 있습니다.

저작권법에 의해 한국 내에서 보호받는 저작물이므로 무단 전재와 복제 또는
연주 녹음을 금합니다.

음악의 첫걸음

보표

줄이 다섯 개라서 오선보라고도 합니다.
음표는 5개의 선 위에 그립니다. 모든 보표에는 악기의 음역을 나타내는 음자리표가 있습니다.

낮은음자리표 : 주로 저음역 악기에 사용

보표에는 마디를 나누는 세로줄이 있습니다.
각 마디의 길이는 동일합니다.

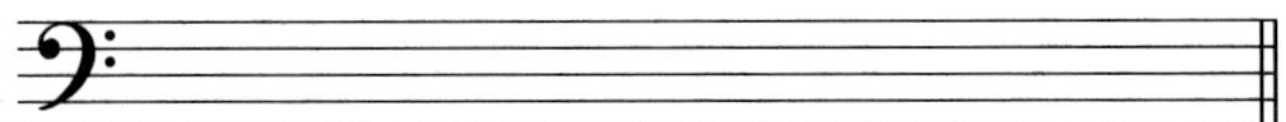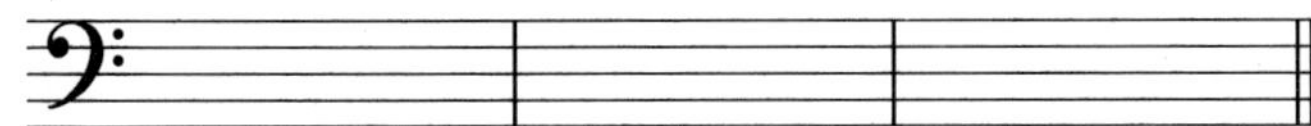

음표와 쉼표의 길이

음표의 길이는 다양한 모양으로 나타냅니다. 음표와 길이가 같은 쉼표도 있습니다.
음표와 쉼표의 이름은 온음표를 몇 개로 나눌 수 있는지를 의미합니다.
온음표를 4로 나누면 4분음표, 8로 나누면 8분음표라고 합니다.

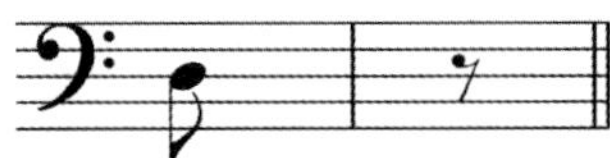

8분음표(반 박) = 8분쉼표(반 박)

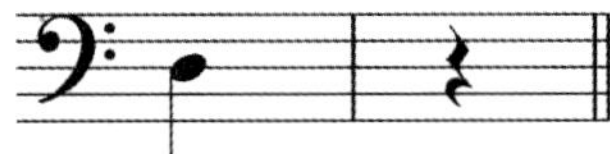

4분음표(1박) = 4분쉼표(1박)

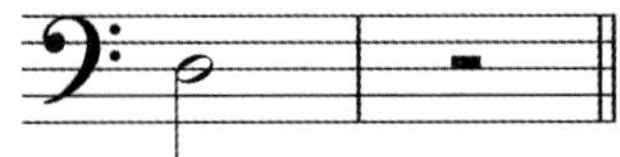

2분음표(2박) = 2분쉼표(2박)

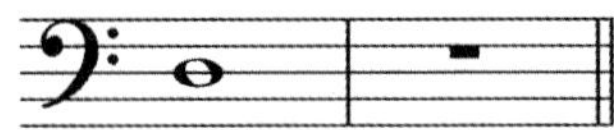

온음표(4박) = 온쉼표(4박)

그 외의 음길이

음표 오른쪽에 점을 찍으면 원래 길이의 절반만큼 음표의 길이가 길어집니다.
예를 들어 점2분음표 하나의 길이는 2분음표와 4분음표를 더한 길이와 같습니다.

8분음표 묶기

둘 이상의 8분음표가 연달아 나올 경우 꼬리를
이렇게 연결할 수 있습니다.

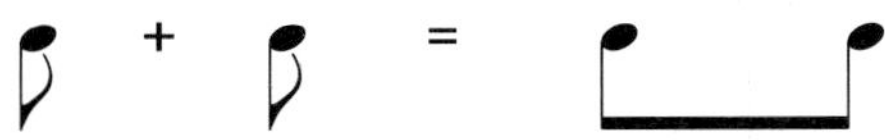

박자표

박자표는 음자리표 옆에 그립니다. 위의 숫자는 한 마디 안에 몇 개의 박이 들어가는지 알려주고, 아래의 숫자는 기준이 되는 음표를 나타냅니다.

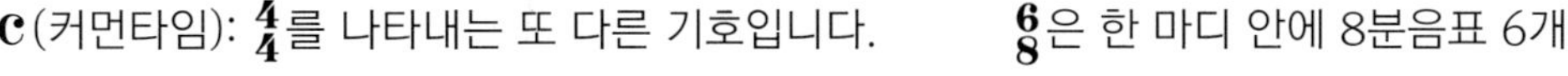

음이름

음이름은 알파벳의 첫 일곱 글자에서 가져온 것입니다. 음은 음높이에 따라 보표의 줄이나 칸 위에 그립니다.

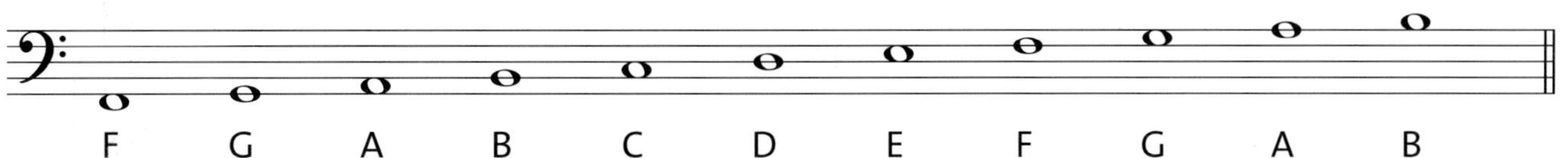

임시표

샵(올림표)이나 플랫(내림표) 같은 임시표 기호를 사용하면 음높이를 반음 내리거나 올릴 수 있습니다.

샵(♯)은 음높이를 반음 올립니다.   제자리표(♮, natural)는 원래의 음높이로 돌아가라는 기호입니다.

플랫(♭)은 반음 낮춥니다.

덧줄

보표 밖의 음은 덧줄을 그려 표시합니다.

세로줄

여러 가지 종류의 세로줄 :
겹세로줄은 음악의 한 부분이 끝났다는 표시입니다.   끝세로줄은 한 곡이 끝났다는 의미입니다.

연주에 앞서

베이스 기타 고르기

가장 일반적인 4현 베이스를 비롯하여 5현, 6현 베이스가 있습니다. 프렛이 있는 것이 일반적이지만 없는 것도 있습니다.
초보자에게는 프렛이 있는 4현 베이스가 좋지만 손이 아주 작은 사람은 작은 사이즈의 베이스를 쓰는 것도 좋습니다.
베이스는 주선율을 화려하게 연주할 수도 있고 받쳐주는 역할을 할 수도 있습니다. 초보자가 베이스를 고를 때는
전문가의 조언을 받아보는 것도 좋습니다.

베이스 보관하기

하드 케이스에 넣어 보관하는 것이 가장 좋습니다.
휴대가 간편하고 가벼운 소프트 케이스도 있습니다.
베이스 기타는 온도와 습도에 아주 민감합니다. 난방기 근처나 햇빛 드는 곳은 피하고 습도가 높은 곳에 보관하지 마세요.

액세서리

- **튜너**(전자 조율기)는 가격에 비해 유용하게 사용할 수 있습니다.

- **피크**(plectrum)를 사용해 연주하려면 여분의 피크를 준비해두세요.

- 품질이 좋은 **연결 케이블**과 서서 연주할 때 사용할 **스트랩**(어깨끈)도 준비하세요.

- **현**은 굵기와 길이에 따라 다양한 종류가 있습니다. 두꺼운 줄의 음색이 더 좋지만 연주하기는 좀 더 힘들 수도 있습니다.
  초보자에게 적절한 줄은 다음과 같습니다. 만일을 대비해 여분도 준비하세요.
      G현 .040
      D현 .060
      A현 .080
      E현 .100

- **보면대**를 사용하면 훨씬 편한 자세로 연주할 수 있습니다.

앰프 (Amplifier)

다양한 종류의 앰프, 스피커, 콤보(스피커 + 앰프)가 있습니다.
초보자의 경우에는 작은 연습용 콤보(15W 정도)가 적당합니다.
하지만 드럼과 합주를 하려면 조금 더 강한 앰프가 필요합니다.

베이스 기타

연결 케이블
(Lead)

스트랩 (Strap)

현 (Strings)

피크 (Pick / Plectrum)

줄감개 (Tuning keys)

헤드스톡 (Headstock)

너트 (Nut)

1프렛 (1st fret)

2프렛 (2nd fret)

3프렛 (3rd fret)

프렛 선 (Fret wire)

지판 (Fingerboard)

포지션 마크
(Position markers)

넥 (Neck)

스트랩 핀
(Strap Button)

현 (Strings)

트러스로드 조정장치
(Truss-rod adjuster)

스크래치 플레이트 / 피크 가드
(Scratch plate / Pick Guard)

몸통 (Body)

픽업 (Pick-ups)

볼륨 컨트롤
(Volume controls)

톤 컨트롤
(Tone controls)

브릿지 (Bridge)

잭 소켓 (Jack socket)

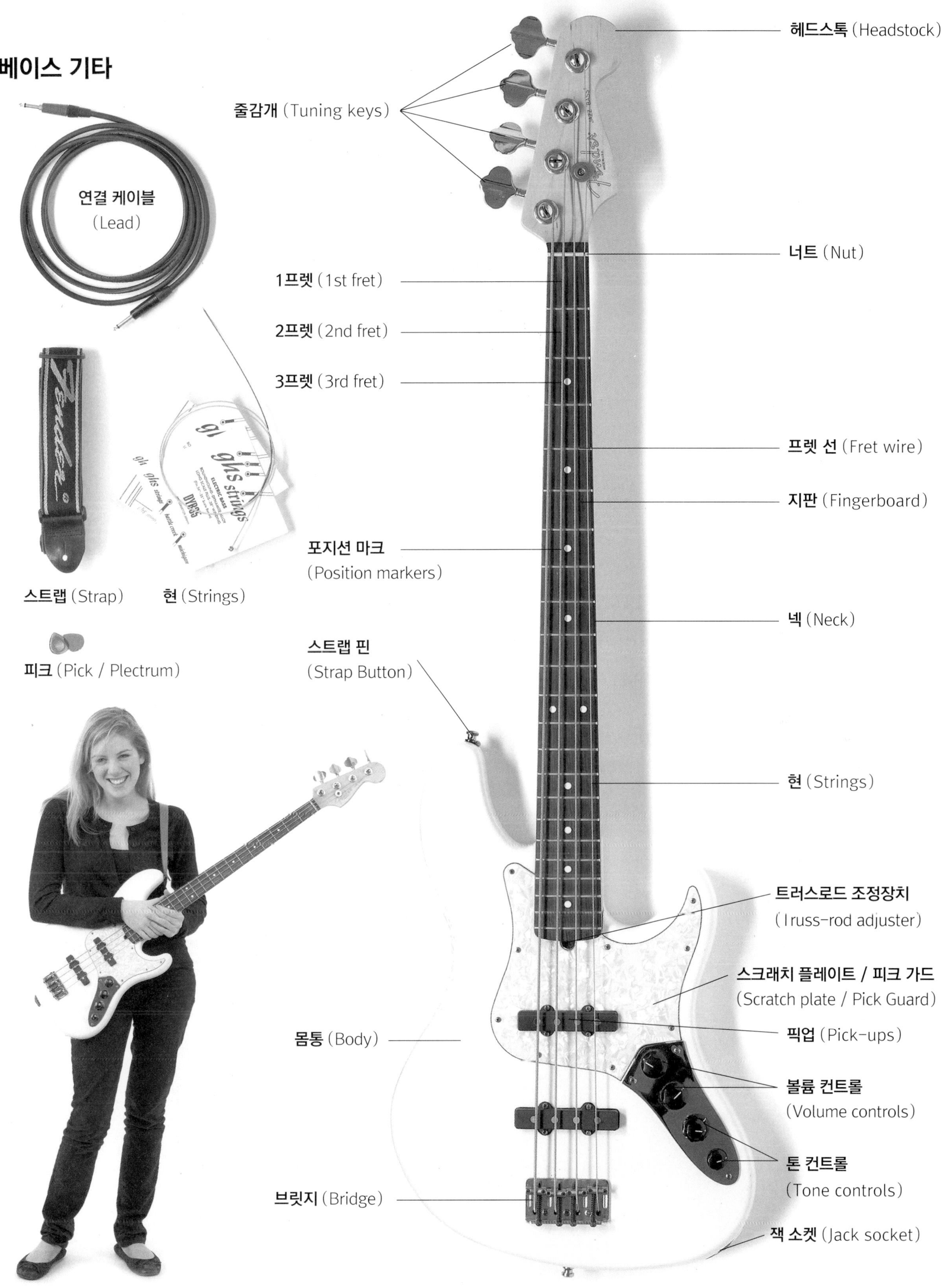

베이스와 앰프 연결하기

연결 케이블을 베이스에 꽂고 앰프의 볼륨을 0으로 돌리세요. 그런 다음 연결 케이블을
앰프에 꽂으세요. 베이스의 볼륨을 최대로 맞춘 뒤에 앰프의 볼륨을 조절해야 좋은
소리가 납니다. 잡음이 많이 들리면 볼륨을 줄이세요. 연주를 마친 뒤에는 먼저
앰프를 0으로 돌린 뒤에 케이블을 뽑으세요.

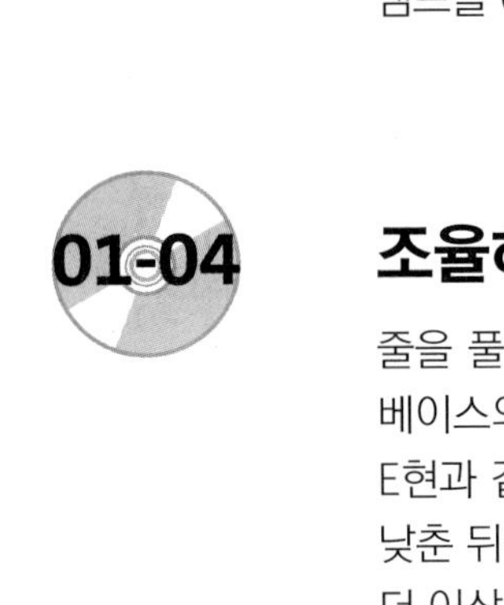

조율하기

줄을 풀면 음이 내려가고 조이면 음이 올라갑니다. 부록 CD의 **01-04** 트랙은
베이스의 네 줄의 음을 차례로 들려줍니다. 먼저 CD에서 E현을 듣고 베이스의
E현과 같은 소리가 나는지 확인해보세요. 소리가 다르면 E현 줄감개를 풀어 음을
낮춘 뒤에 서서히 조이면서 음을 찾습니다. CD와 베이스의 E현을 동시에 들었을 때
더 이상 귀에 거슬리는 소리가 나지 않고 깨끗한 소리가 나면 음이 맞는 것입니다.

E현을 맞춘 다음에는 CD가 없어도 조율할 수 있습니다.
- 먼저 E현의 5번째 프렛을 눌러보세요. 그 음이 A음입니다. 그 음과 A현을 함께 퉁겨보세요.
  두 음이 같은 소리가 날 때까지 A현의 줄감개를 돌려 조율해보세요.
- 이번에는 A현의 5프렛을 눌러보세요. 그 음은 D음입니다. 그 D음과 같은 소리가
  나도록 D현을 조율하세요.
- 마지막으로 D현 5프렛(G음)과 G현을 맞춰보세요.

가장 간편하게 조율할 수 있는 방법은 전자 튜너를 사용하는 것입니다.

연습하기

악기를 배우는 것은 몸과 머리를 함께 쓰는 일입니다. 자연스럽게 악보를 읽고 연주에 필요한 손과 몸의 근육을
기르기 위해서는 반복적인 연습이 중요합니다.

연습을 할 때는 4가지 규칙을 기억하세요.

1. 처음에는 천천히 연습하고, 익숙해지면 조금씩 속도를 높이세요.
빠르게만 연습하면 정확하게 연주할 수 없습니다. 천천히 연습하더라도
정확하게 연주하는 법을 먼저 익히는 것이 바람직합니다.

2. 잘 안 되는 부분이 있으면 반복적으로 연습하세요. 한 번 잘 됐다고 그만두지 말고
계속 잘 할 때까지 연습하세요.

3. 가끔 한 번씩 많이 연습하는 것보다는 '조금씩 자주' 연습하는 것이 훨씬 좋습니다.
하루에 15~20분씩만 꾸준히 연습해도 실력이 많이 향상될 것입니다.

4. 연습을 할 때는 목표를 정하는 것이 좋습니다. 아주 작은 것이라도 좋으니 목표를
설정하고 연습시간 동안 목표를 이루려고 노력하세요.

자세

앉아서 연주할 때

베이스를 오른쪽 다리 위에 놓고 몸 쪽으로 악기를 당기세요.

오른쪽 팔꿈치는 몸에 최대한 가까워야 하고 발은 바닥에 완전히 붙어야 합니다.

서서 연주할 때

일어서서 연주할 때는 스트랩이 필요합니다. 베이스는 허리에 와야 하고, 넥 부분이 살짝 위쪽을 항해야 합니디.

베이스가 허리보다 아래로 내려와 있으면 멋있어 보일 수는 있지만 왼손을 사용하기 아주 불편합니다.

자세에 대해서 정해진 규칙은 없습니다. 자신의 몸에 가장 잘 맞는 자세를 찾아보세요.

1. 온음표, 2분음표, 4분음표
2. 개방현: E, A, D, G
3. 연주하며 박자 세기
4. 오른손 테크닉

Tip

왼손잡이용 베이스도 있습니다. 왼손잡이용 베이스를 연주할 때는 지판이 오른손에 오도록 하세요.

개방현

개방현은 아무 손가락도 짚지 않은 상태의 현을 말합니다.

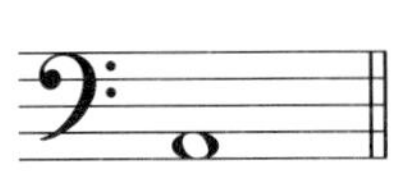
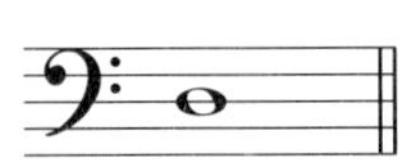
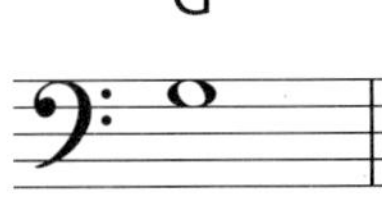

베이스의 개방현은 E음, A음, D음, G음을 냅니다. 개방현을 연주할 때 나는 음을 개방음이라고 합니다. E현은 줄이 가장 두껍고 가장 낮은 소리를 냅니다. G현은 가장 가늘고 가장 높은 소리를 냅니다. 연주할 때의 위치상으로는 E현이 더 위쪽에 있지만 음높이 때문에 E현은 낮은 줄, G현은 높은 줄이라고 합니다.

오른손 테크닉: 손가락으로 연주하기

E현을 연주할 때는 오른손 엄지손가락을 픽업 위에 두세요. A, D, G현을 연주할 때는 엄지를 E현 위에 두세요. 검지와 중지를 번갈아 사용하며 손가락 끝의 통통한 부분으로 퉁깁니다.

높은 줄을 연주하다가 낮은 줄로 이동할 때는 같은 손가락을 사용하며 이동합니다

오른손 테크닉: 피크로 연주하기

그림과 같이 엄지와 검지 사이에 피크를 끼고 피크의 평평한 부분으로 줄을 퉁깁니다.

다운 스트로크 (down stroke)

피크를 아래쪽으로 내리면서 현을 퉁기는 것.

업 스트로크 (up stroke)

피크를 위쪽으로 올리면서 현을 퉁기는 것.

연습 1.

온음표는 4박입니다. 현을 퉁긴 다음 1, 2, 3, 4를 세면서 현이 울리는 것을 들으세요. 큰 소리로 박을 세며 연주하세요.

연습 2.

2분음표는 2박입니다. 각 마디의 첫 음을 퉁기며 1, 2를 세고 둘째 음을 퉁길 때 3, 4를 셉니다.

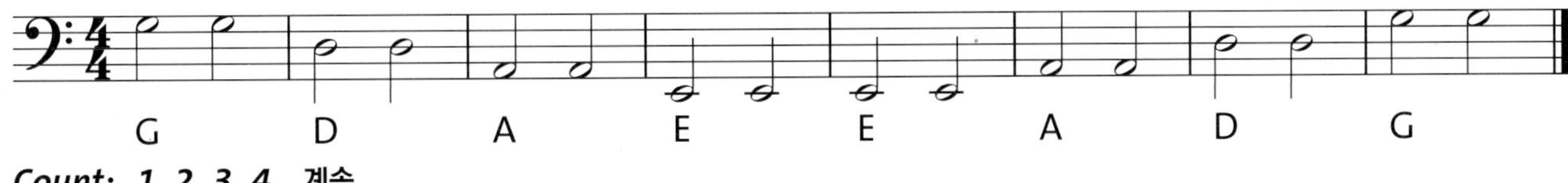

연습 3.

4분음표는 1박입니다. 한 박에 한 음씩 연주하세요.

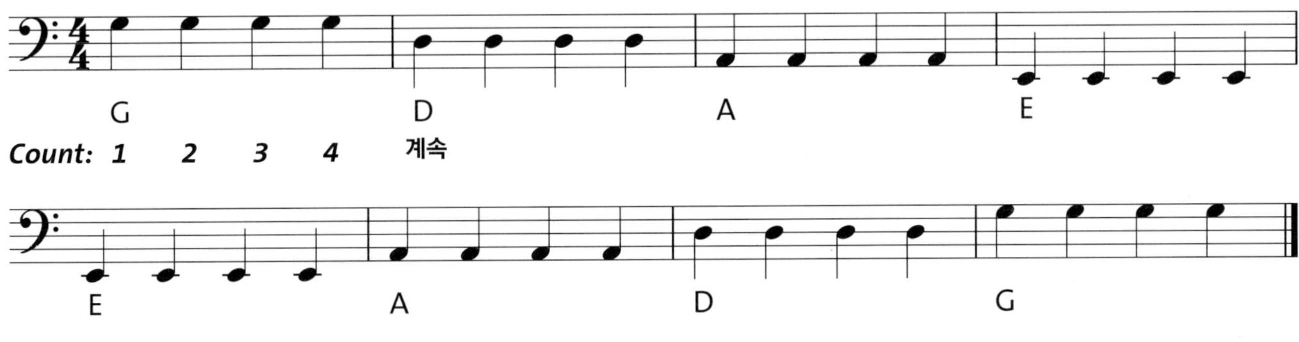

연습 4.

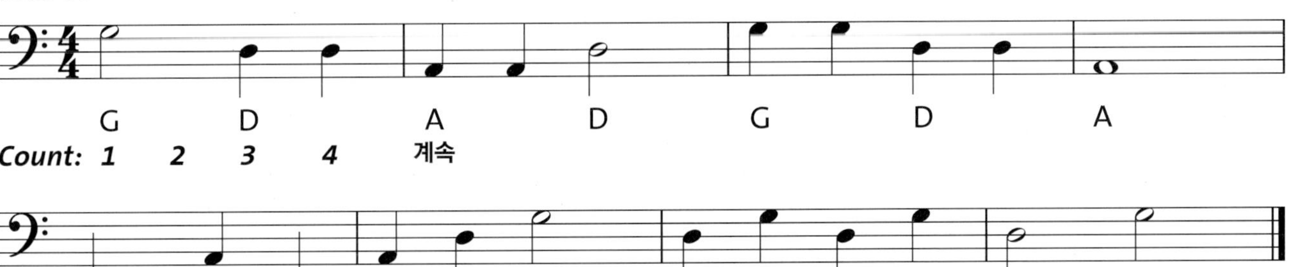

연습 5.

베이스 라인 (Bass lines)

《성자의 행진》 악보를 보세요. 윗단은 선율 악기가 연주하고 아랫단 (베이스 라인)은 베이스가 연주합니다.
베이스 라인은 그 음악에서 가장 낮은 음들로 이루어져 있습니다.
베이스 기타가 솔로를 연주할 때도 있기 때문에 앞으로 베이스 라인과 선율을 모두 연주하게 될 것입니다.

CD에 담긴 학생 / 교사 듀엣은 오른쪽 스피커로 멜로디, 왼쪽 스피커로 베이스 라인을 들을 수 있습니다.

레슨 1을 위한 연주곡

The Night Shift (야간 근무)

Pete Kershaw & Steve Kershaw

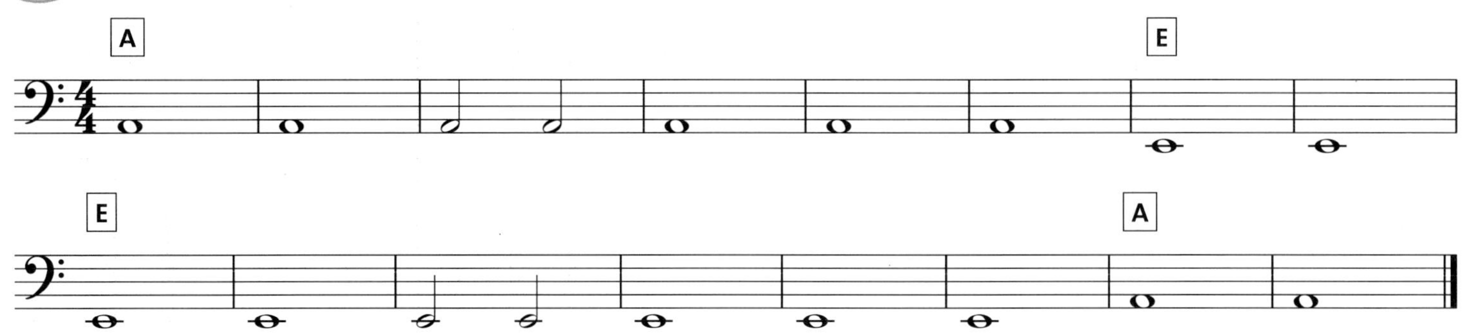

When The Saints Go Marching In (성자의 행진)

외국 민요

네모 칸 안의 알파벳은 코드 이름입니다. 이 코드를 보고 기타나 키보드 연주자가 함께 연주할 수 있습니다.

Big Road Blues (빅 로드 블루스)

외국 민요

goals:

1. 왼손 테크닉
2. 새로운 음: G현의 A♭음과 B♭음, D현의 E♭음과 F음   3. 온쉼표, 2분쉼표, 4분쉼표

Tip

왼손의 손가락은 그림과 같이 1~4의 번호로 부릅니다.

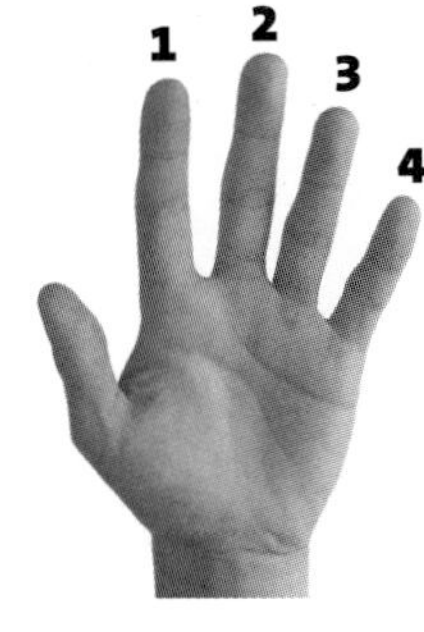

왼손의 자세

엄지를 넥 뒤쪽 중앙에 두세요. 검지와 중지 사이쯤에 오면 됩니다. 엄지가 넥의 위쪽으로 올라가지 않도록 주의하세요. 나머지 손가락을 둥글게 말아 줄 위에 올려보세요.

엄지와 검지가 동그라미를 만들듯이 만나면 됩니다. 이때 손바닥이 악기에 닿으면 안 됩니다.

손가락을 짚을 때는 프렛 바로 옆을 짚어야 합니다. 본 교재에서는 1프렛은 1번 손가락으로, 2프렛은 2번 손가락으로, 3프렛은 4번 손가락으로 짚는 1-2-4 운지법을 사용합니다.

♭은 플랫 기호입니다. 플랫과 샵 (♯)에 대해서는 앞으로 더 자세히 배우게 될 것입니다.

A♭

B♭

4번 손가락을 누를 때 1번, 2번 손가락도 함께 누릅니다.

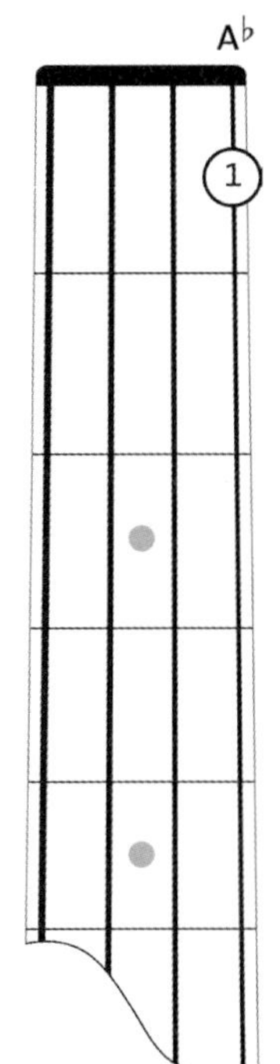

왼손 1번 손가락, G현, 1프렛

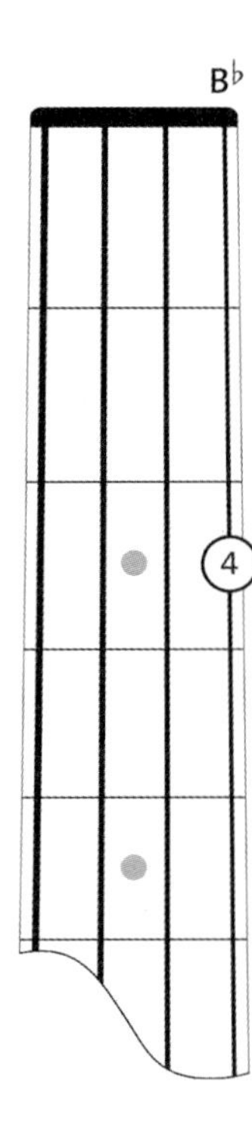

왼손 4번 손가락, G현, 3프렛

E♭

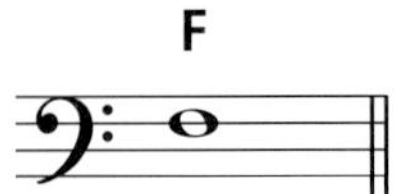

F

4번 손가락을 누를 때 1번, 2번 손가락도 함께 누릅니다.

왼손 1번 손가락, D현, 1프렛

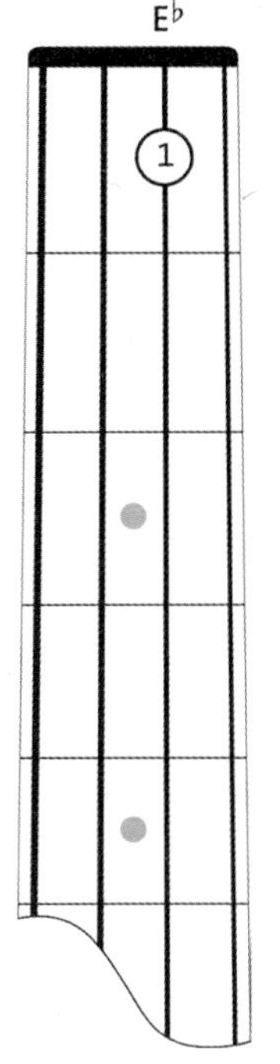

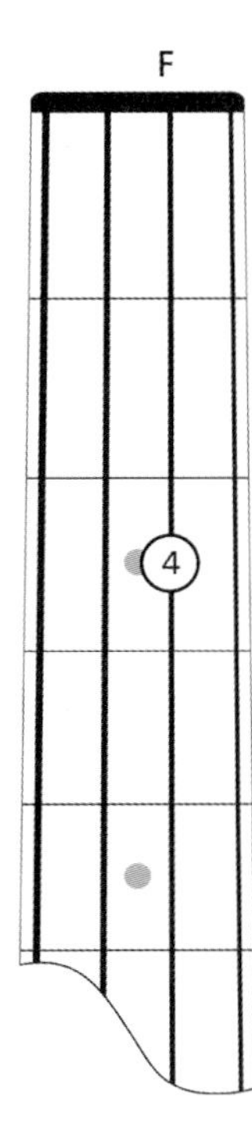

왼손 4번 손가락, D현, 3프렛

연습 1.

음표의 길이를 잘 지켜 A♭과 G를 연습해보세요.

Count: 1 2 3 4 계속

연습 2.

B♭은 3프렛, 4번 손가락입니다. G음은 G현의 개방음입니다.

Count: 1 2 3 4 계속

연습 3.

E♭은 D현 1프렛입니다. 프렛 바로 옆을 짚어야 또렷한 소리가 납니다.

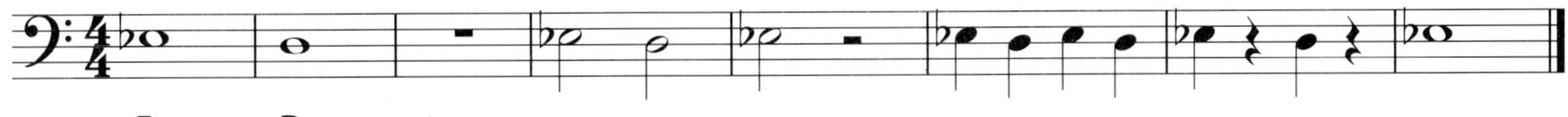

Count: 1 2 3 4 계속

연습 4.

F음은 D현 3프렛을 4번 손가락으로 짚어 연주합니다.

Count: 1 2 3 4 계속

연습 5.

지금까지 D와 G현에서 배운 음들이 모두 나옵니다.

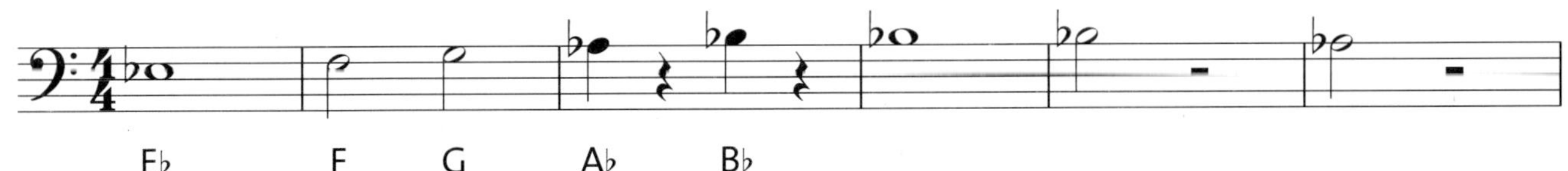

Count: 1 2 3 4 계속

손가락 번호

다음 곡들의 음표 왼쪽에 적힌 작은 숫자는 손가락 번호입니다. 0은 개방현으로 연주하라는 뜻입니다.

09 — *Get The Groove* (그루브를 타봐요) 

Pete Kershaw & Steve Kershaw

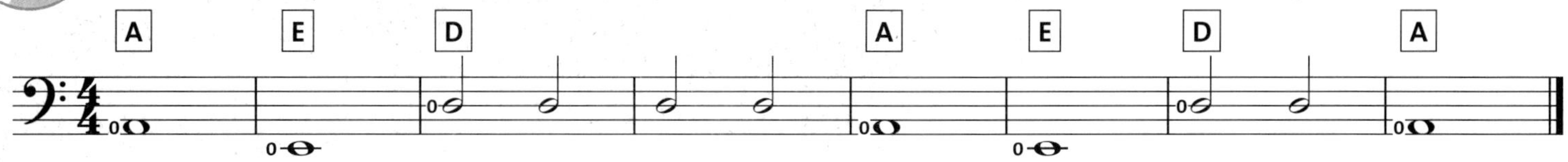

10-11 — *Jingle Bells* (징글벨)

크리스마스 캐롤

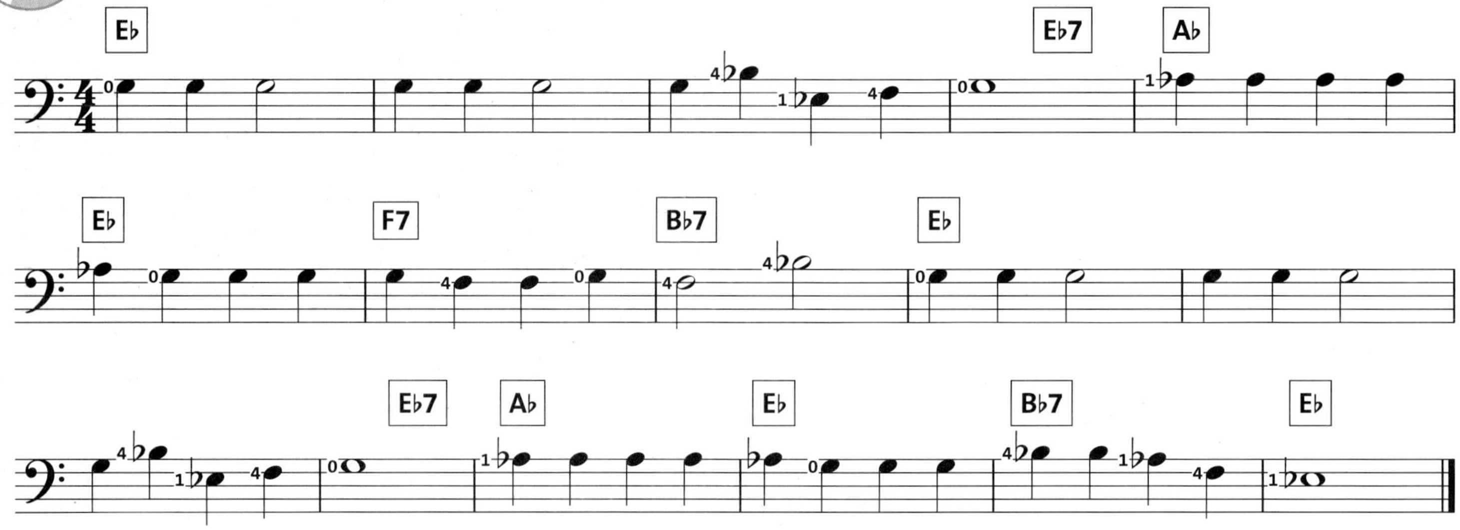

12-13 — *Skip To My Lou* (폴짝 뛰어 내 사랑에게)

외국 민요

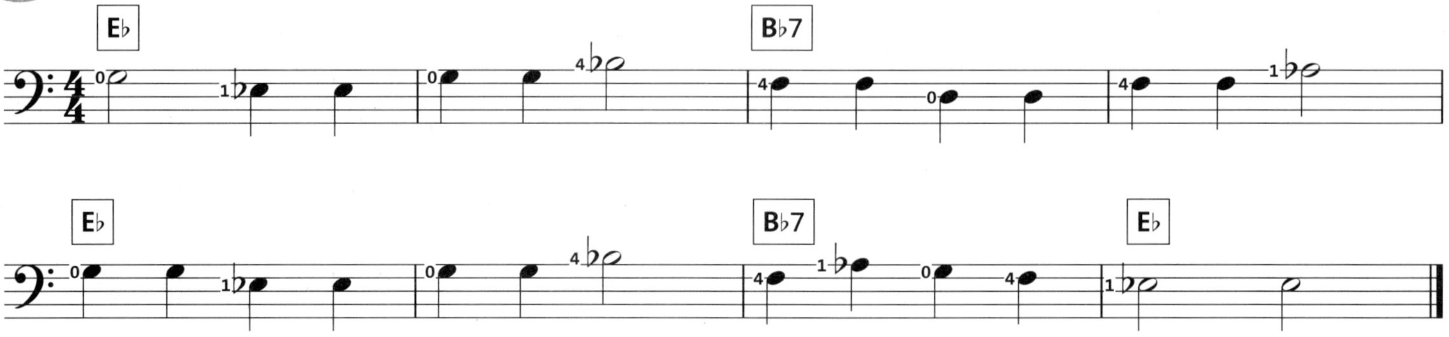

14-15 — *Au Clair de la Lune* (달빛 아래에서)

프랑스 민요

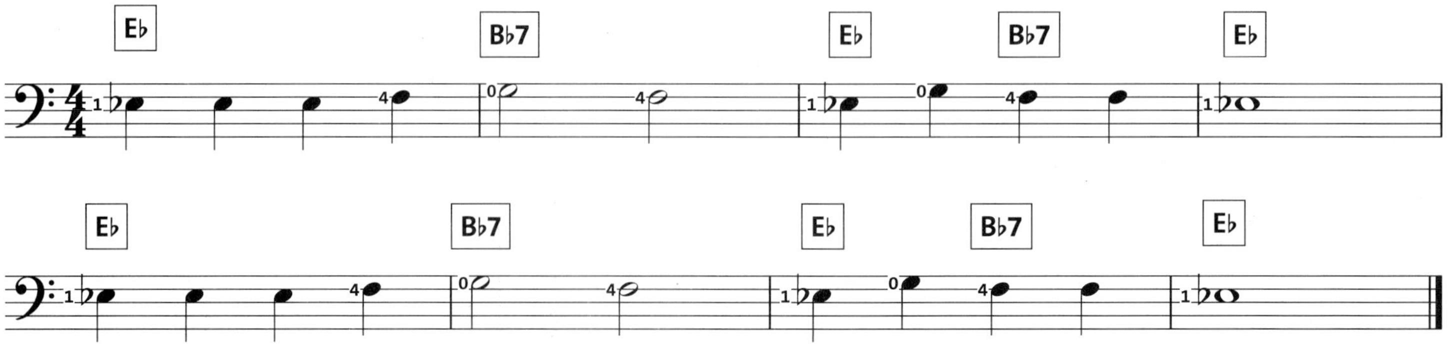

goals:

1. A현의 B♭음과 C음, E현의 F음과 G음
2. 점2분음표와 점2분쉼표
3. ¾박자

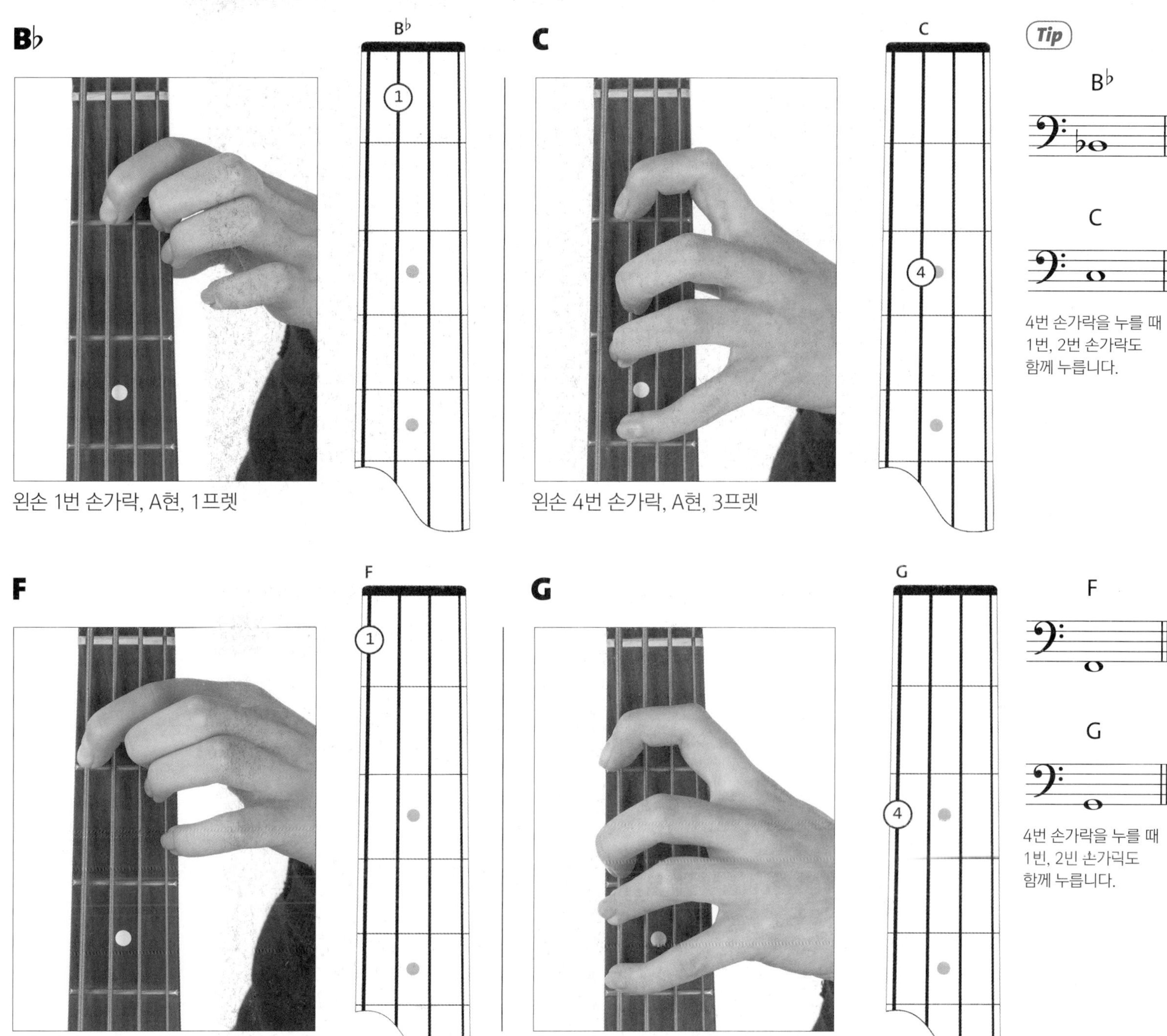

왼손 1번 손가락, A현, 1프렛

왼손 4번 손가락, A현, 3프렛

왼손 1번 손가락, E현, 1프렛

왼손 4번 손가락, E현, 3프렛

점2분음표와 점2분쉼표

음표 옆에 점이 있으면 그 음표의 절반만큼 더 길게 연주합니다. 쉼표도 마찬가지입니다. ♩. = ♩ + ♪

¾박자

악보 첫머리에 있는 숫자는 박자표입니다. 위의 숫자는 한 마디 안에 몇 개의 박이 들어가는지 알려주고 아래의 숫자는 기준이 되는 음표를 나타냅니다. ¾박자 곡은 한 마디 안에 4분음표가 3개씩 들어갑니다.

연습 1.

Bb은 1프렛, 1번 손가락이고 A는 개방음입니다. 마디 4의 쉼표는 점2분쉼표이고 3박 길이이기 때문에 마디 전체를 쉽니다.
큰 소리로 박을 세며 연주해보세요.

Bb   A
Count: *1* *2* *3*   계속

연습 2.

C음은 3프렛, 4번 손가락입니다.

Count: *1* *2* *3*   계속

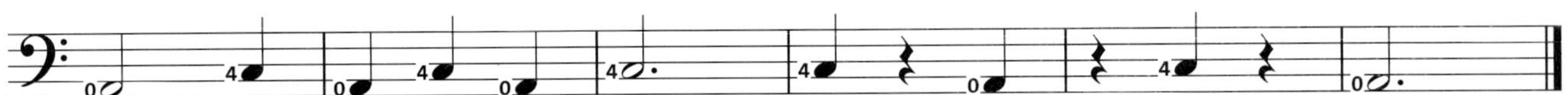

연습 3.

F는 1프렛, 1번 손가락입니다. E는 개방음으로 연주합니다.

Count: *1* *2* *3*   계속

연습 4.

G음은 E현 3프렛을 4번 손가락으로 짚어 연주합니다.

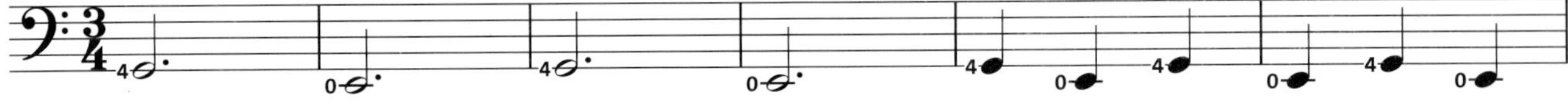

Count: *1* *2* *3*   계속

연습 5.

지금까지 배운 음들이 모두 나옵니다.

Count: *1* *2* *3*   계속

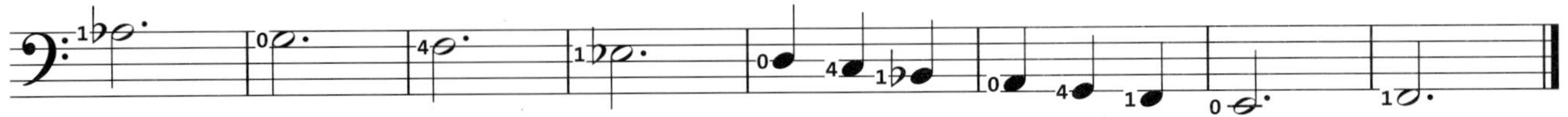

Mojo (마력)

Pete Kershaw & Steve Kershaw

Largo (라르고) 《신세계 교향곡》에서

Dvořák

Twinkle, Twinkle Little Star (작은 별)

외국 민요

Jumpin' Hep Cats (점핑 * 헵캐츠)

Steve Kershaw

* 헵캐츠 : 재즈 연주가나 애호가를 부르는 말

1. G현의 A음, D현의 E음
2. 온음과 반음
3. 플랫과 제자리표
4. 메이저 스케일 (장음계)
5. 도돌이표

Tip

A

2번 손가락을 누를 때 1번 손가락도 줄 위에 둡니다. 이 A음은 앞에서 배운 A현의 개방음보다 한 옥타브 위의 음입니다.

E

2번 손가락을 누를 때 1번 손가락도 줄 위에 둡니다. 이 E음은 앞에서 배운 E현의 개방음보다 한 옥타브 위의 음입니다.

A

왼손 2번 손가락, G현, 2프렛

E

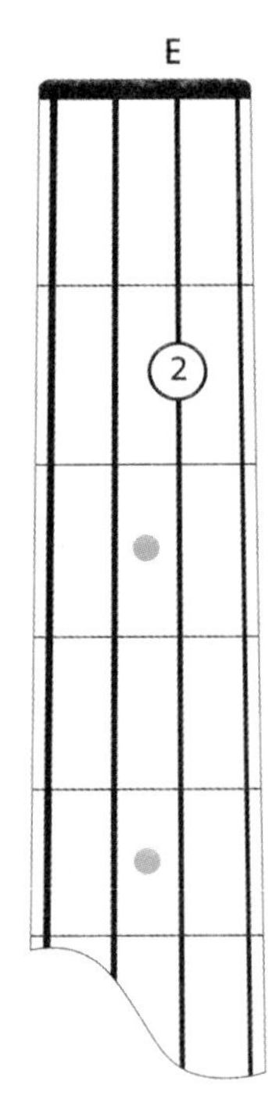

왼손 2번 손가락, D현, 2프렛

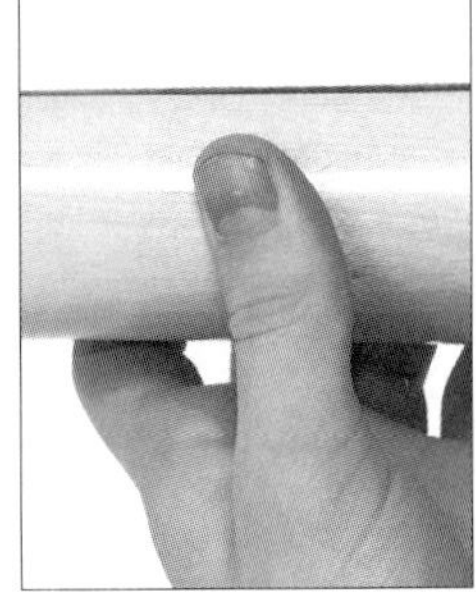

왼손 엄지가 넥 뒤쪽의 바른 위치에 있는지 항상 확인하세요.

연습 1.

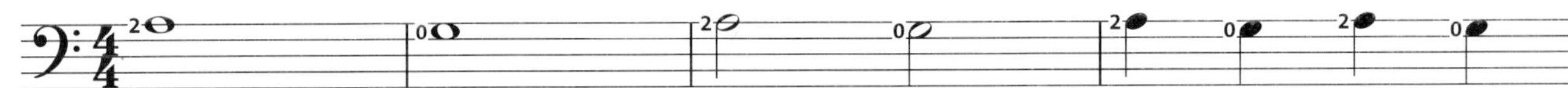

Count: 1   2   3   4   계속

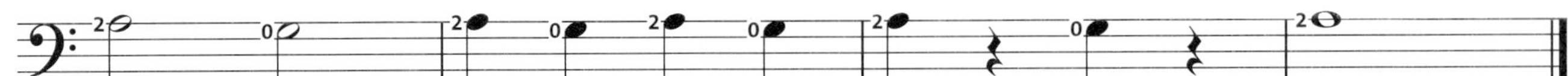

연습 2.

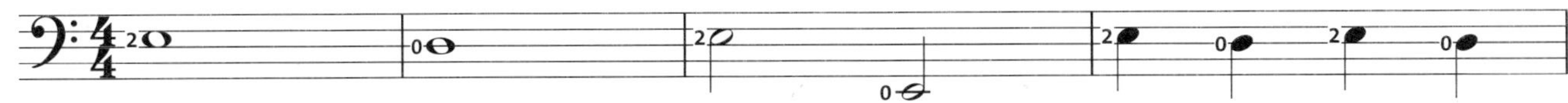

Count: 1   2   3   4   계속

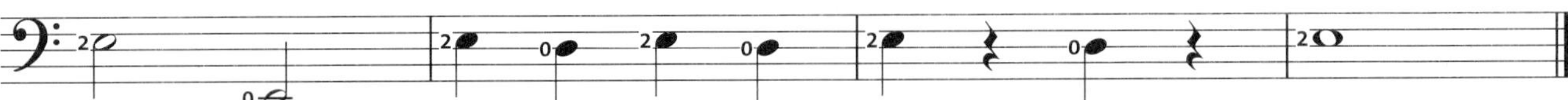

플랫과 제자리표 (flat & natural)

A음과 A♭음을 비교해보세요. A음은 제자리 (내추럴) 음입니다 (피아노의 흰 건반에 해당됩니다). 이 음에 플랫(♭) 기호가 있으면 음이 반음 내려갑니다. 플랫이 붙은 음을 다시 제자리로 돌려놓기 위해서 제자리표(♮)를 사용합니다. 플랫과 제자리표는 한 마디 안에서만 유효합니다. 샵(♯)에 대해서는 레슨 5에 설명이 있습니다.

연습 3.

한 줄에서 모든 손가락을 사용하는 연습입니다. 처음에는 천천히 연습하고 익숙해지면 조금씩 속도를 높여 보세요. 익숙해지면 다른 줄에서도 연습해보세요.

Tip

어려워 보일 수 있지만 손가락의 힘과 민첩성을 길러주는 데 아주 효과적인 연습입니다.
여러 번 반복 연습하세요.

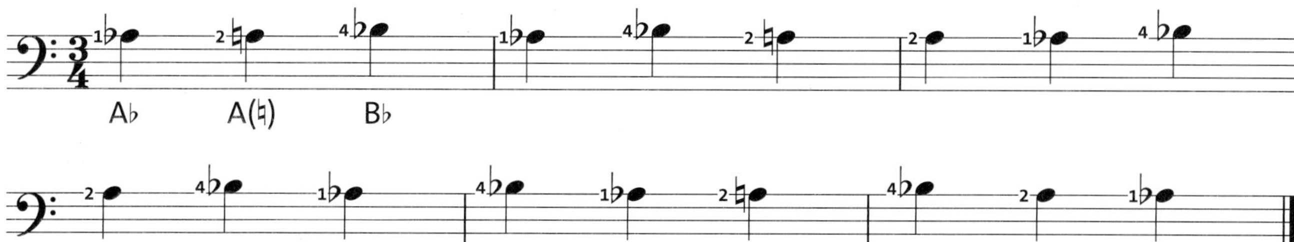

도돌이표

연습 4 끝에 점이 두 개 있는 겹세로줄은 도돌이표입니다. 도돌이표까지 연주하고 처음으로 돌아가서 반복한 다음 마지막 마디를 연주하세요.

연습 4.

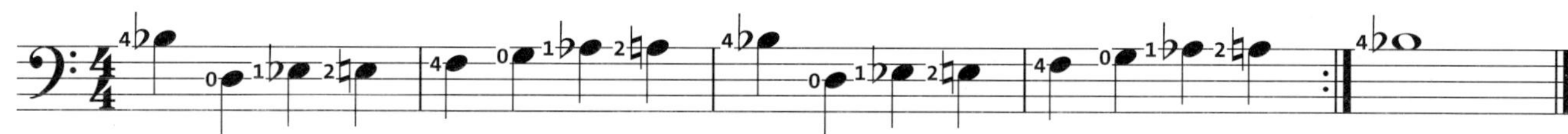

온음과 반음

두 음 사이의 거리를 음정이라고 부릅니다. 가장 가까운 음정은 반음입니다. 베이스 기타에서는 바로 옆 프렛과의 거리가 반음입니다.

지금까지 배운 음 중에는 E음과 F음 사이, A♭음과 A음 사이가 반음입니다.
반음이 두 개 모이면 온음이 됩니다. 온음은 프렛 두 개의 거리입니다. 지금까지 배운 온음으로는 G음과 A음, A♭음과 B♭음 등이 있습니다.

메이저 스케일 (major scale, 장음계)

반음과 온음을 일정한 패턴으로 배열하면 메이저 스케일(장음계)이 됩니다. 메이저 스케일에서는 3음과 4음, 7음과 8음 사이가 반음이고 나머지 음들의 거리는 온음입니다.

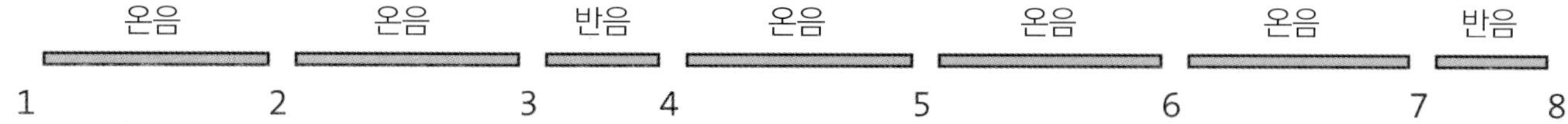

연습 5. B♭ 메이저 스케일

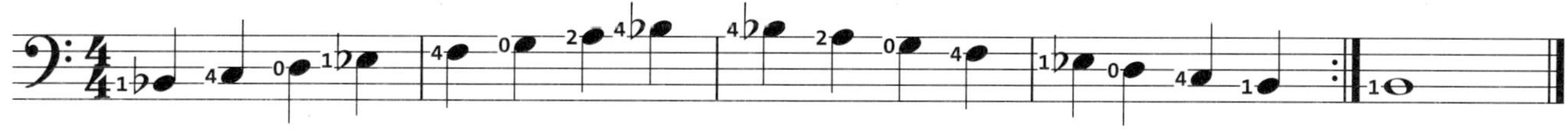

연습 6.

B♭ 메이저 스케일을 알면 F 메이저 스케일도 연주할 수 있습니다. E현에서 시작한다는 것만 다르고 패턴은 똑같습니다.

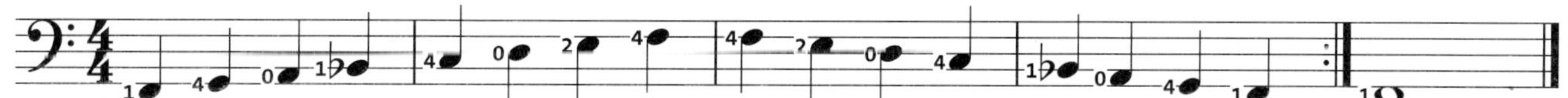

레슨 4를 위한 연주곡

23 베이스 기타가 왼쪽 채널

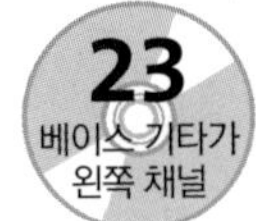

When Johnny Comes Marching Home

(조니가 행진하며 집으로 돌아올 때)

외국 민요

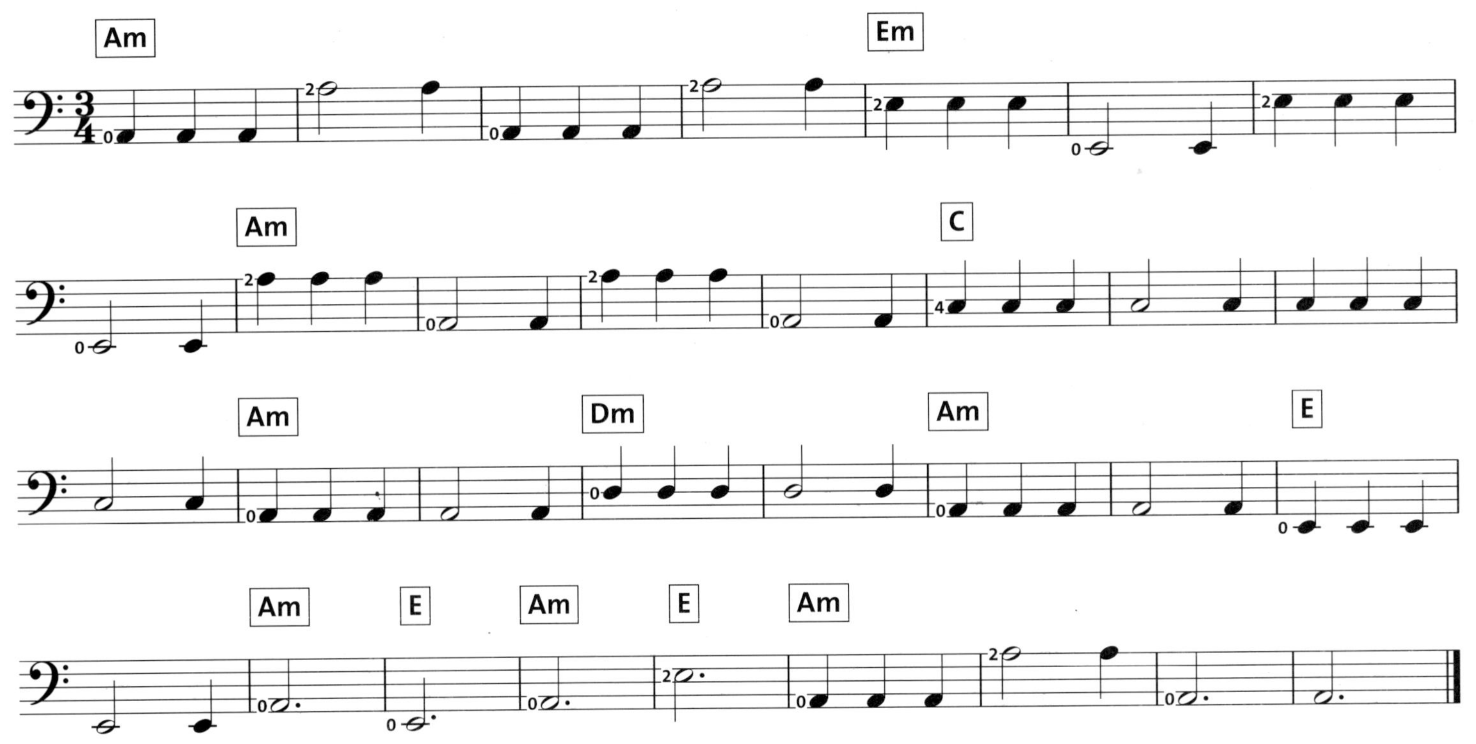

24-25

Tortues (거북이)

Saint-Saëns

「동물의 사육제」에 들어있는 이 곡은 오펜바흐의《캉캉》주제를 기초로 작곡한 것입니다. 같은 선율이지만 이 곡에서는 느릿느릿 움직이는 거북이를 묘사하는 데 사용되었습니다. 반주 코드를 연주할 때에는 높은 음역에서 연주해야 합니다.

느리게

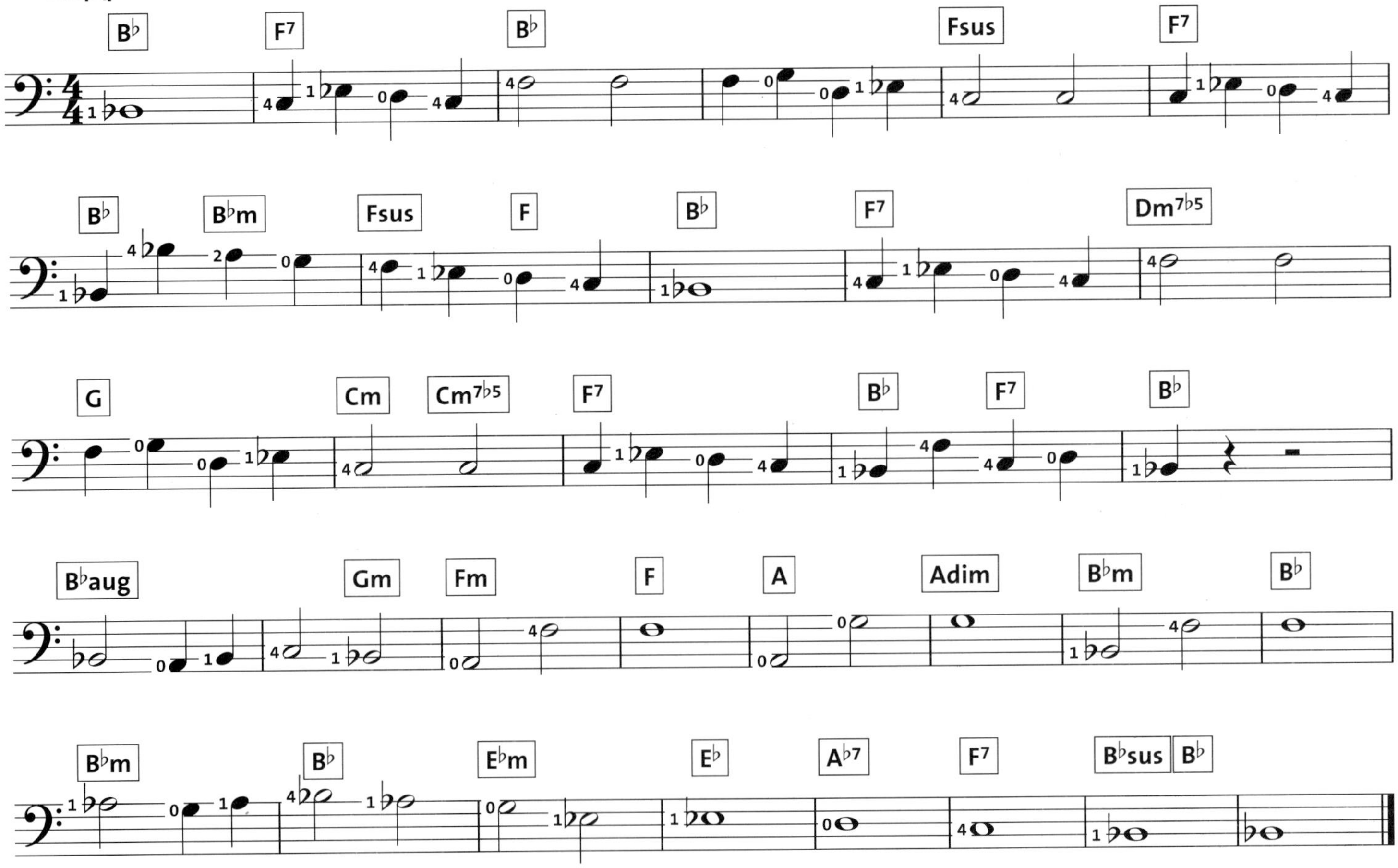

The Great Gate Of Kiev (키예프의 대문)

Mussorgsky

26-27

Bobby Shaftoe (바비 샤프토)

외국 민요

28-29

goals:

1. A현의 B음, E현의 F#음
2. 샵
3. 못갖춘마디

4. 커먼타임 (C)
5. 붙임줄
6. D. S. al Fine (달 세뇨 알 피네)

Tip

B

2번 손가락을 누를 때
1번 손가락도 줄 위에
둡니다.

F#

2번 손가락을 누를 때
1번 손가락도 줄 위에
둡니다.

B

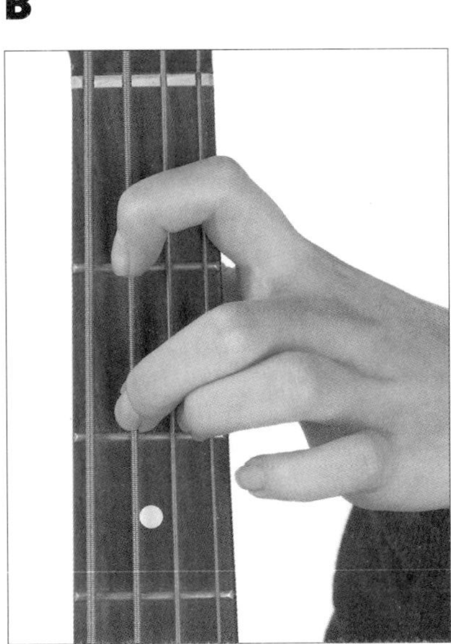

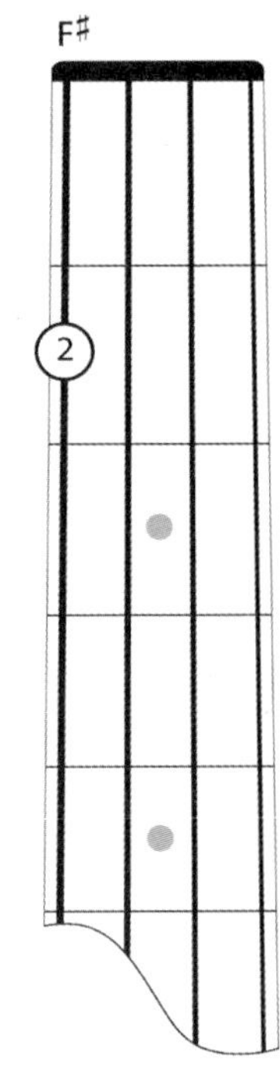

왼손 2번 손가락, A현, 2프렛

F#

왼손 2번 손가락, E현, 2프렛

샵 (Sharp)

샵 (♯)은 음을 반음 올려줍니다. 따라서 F♯음은 F음보다 반음 높고 G음보다는 반음 낮습니다.
♭, ♮과 마찬가지로 ♯ 역시 한 마디 안에서만 유효합니다.

연습 1.

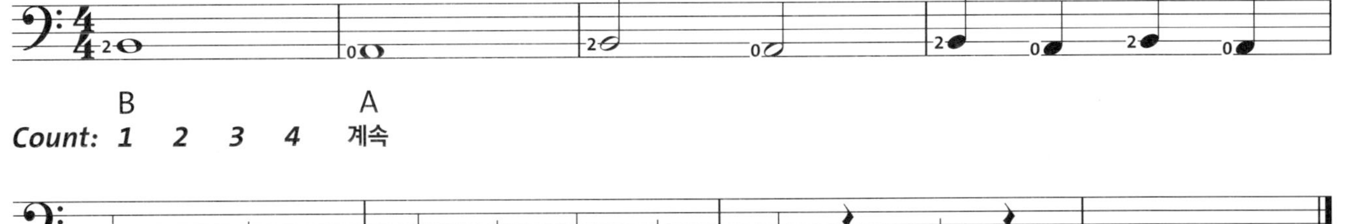

못갖춘마디

연습 2처럼 1박 길이의 짧은 마디로 (못갖춘마디) 시작하는 음악도 있습니다. 곡의 시작 부분에 이렇게 못갖춘마디가 나오면 곡의 끝에도 불완전한 마디가 있습니다. 이 두 마디를 합하면 완전한 한 마디가 됩니다.

연습 2.

붙임줄

같은 음높이의 두 음표를 줄로 연결하면 두 음을 합한 만큼
길어집니다. 두 음표를 연결한 곡선이 붙임줄입니다. 붙임줄이
나오면 첫 음만 퉁기고 두 음을 합한 길이만큼 기다리세요.
두 번째 음은 퉁기지 않습니다. 붙임줄로 연결된 음을 연주하는
중간에 마디가 바뀌면 박을 다시 1부터 세도록 하세요.

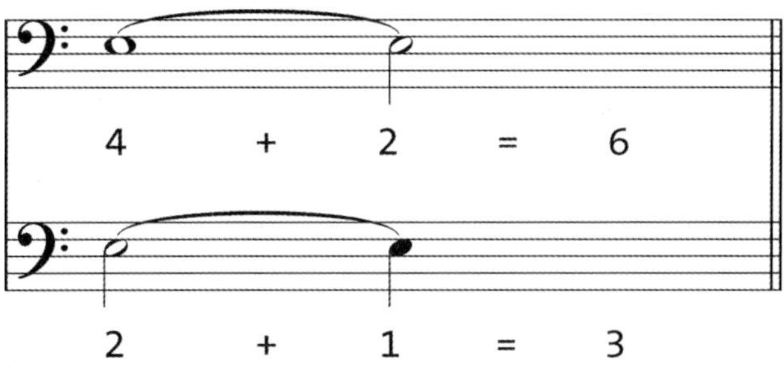

연습 3.

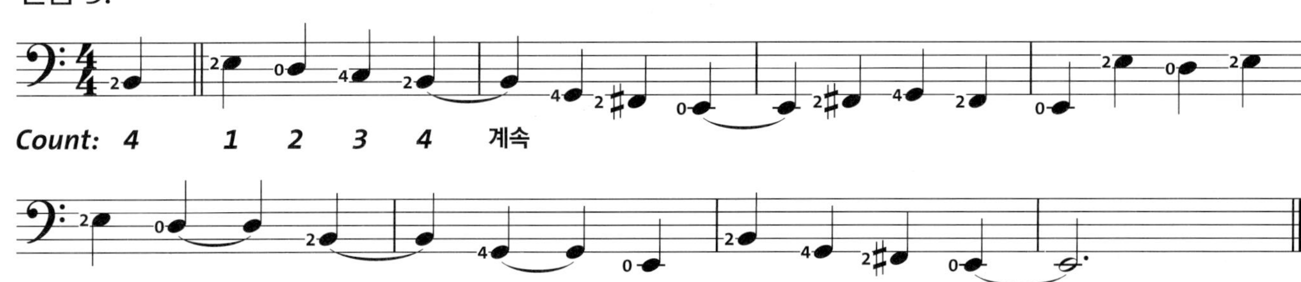

커먼타임 (Common time)

악보의 **C** 기호는 커먼타임 기호입니다. 커먼타임은 4/4박자와 같습니다.

연습 4.

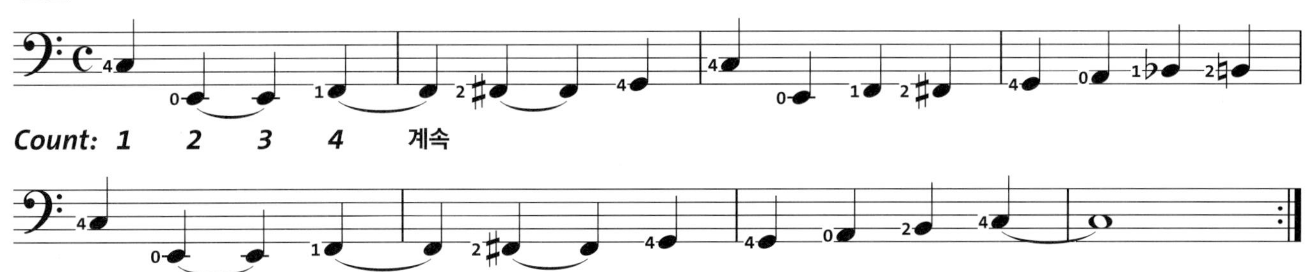

레슨 5를 위한 연주곡

Harem Dance (하렘의 춤곡)

Luigini

30

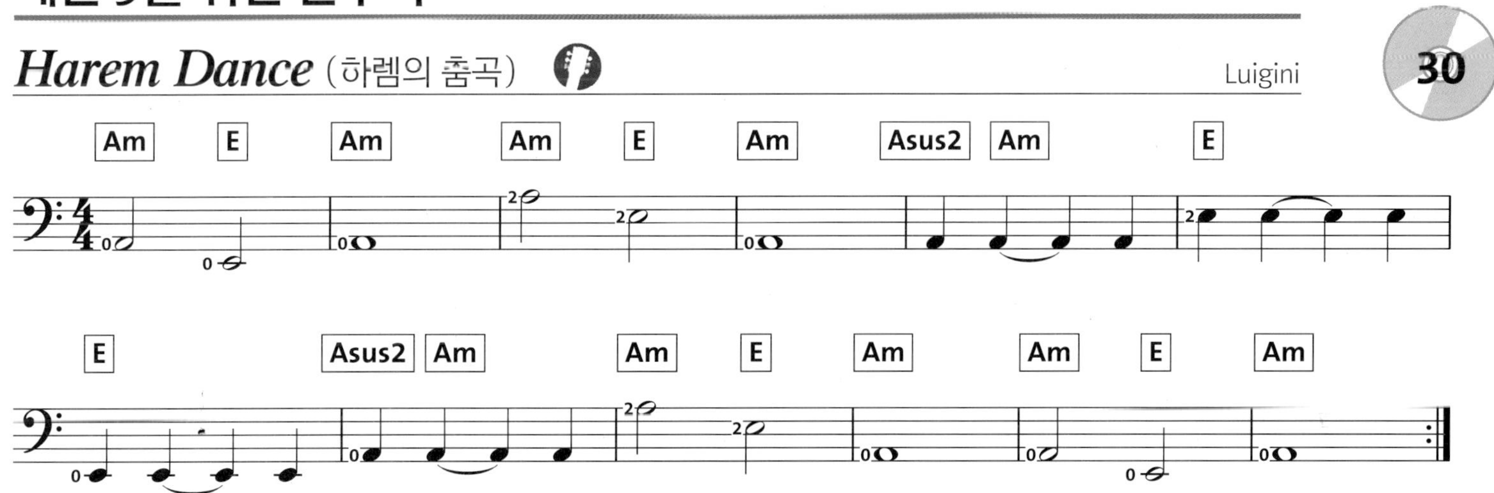

D. S. al Fine (달 세뇨 알 피네)

D.S.는 이탈리아어 **dal segno** (달 세뇨)를 줄여 쓴 것으로, '기호에서부터'라는 뜻입니다. **D.S.**라는 글자가 나오면,
𝄋 기호로 돌아가서 다시 연주합니다. **al Fine**는 **Fine** (피네)라고 적힌 곳까지 연주하라는 뜻입니다.
즉, **D.S. al Fine**는 '𝄋 기호에서부터 **Fine**라고 적힌 곳까지' 연주하라는 뜻입니다.

Night Train To Moscow (모스크바로 향하는 밤기차) 

Steve Kershaw

The Rock Island Line (록아일랜드의 철로)

미국 민요

D.S. al Fine에 주의하세요.

1. 음의 길이

다음 길이의 음표를 그리세요.

4박 2박 1박 3박

(4)

2. 쉼표

다음 길이의 쉼표를 그리세요.

4박 2박 1박 3박

(4)

3. 음표와 이름

다음 음들을 2분음표로 그리세요.

E C D B♭ 다른 B♭ A♭ F♯ 다른 F♯

(8)

4. 몇 개일까요?

이 악보를 연주하면 몇 개의 음을 들을 수 있을까요?

(2)

5. 마디

박자표를 잘 보고 세로줄을 그리세요.

(7)

Total (25)

goals:

1. **G현 2포지션: A음과 B음**
2. **D현 2포지션: E음과 F#음**

3. **조표**
4. **8분음표**

지금까지는 1번 손가락을 1프렛에 두는 1포지션(퍼스트 포지션)으로 연주했습니다. 1번 손가락을 2프렛에 두고 운지를 하는 것을 2포지션(세컨 포지션)이라고 합니다. 예를 들어 A음을 내기 위해서는 G현 2프렛을 1번 손가락으로 짚습니다. B음을 내기 위해서는 G현의 4프렛을 4번 손가락으로 짚습니다.

Tip

A

B

이 B음은 레슨 2에서 배운 B♭음보다 반음 높습니다.

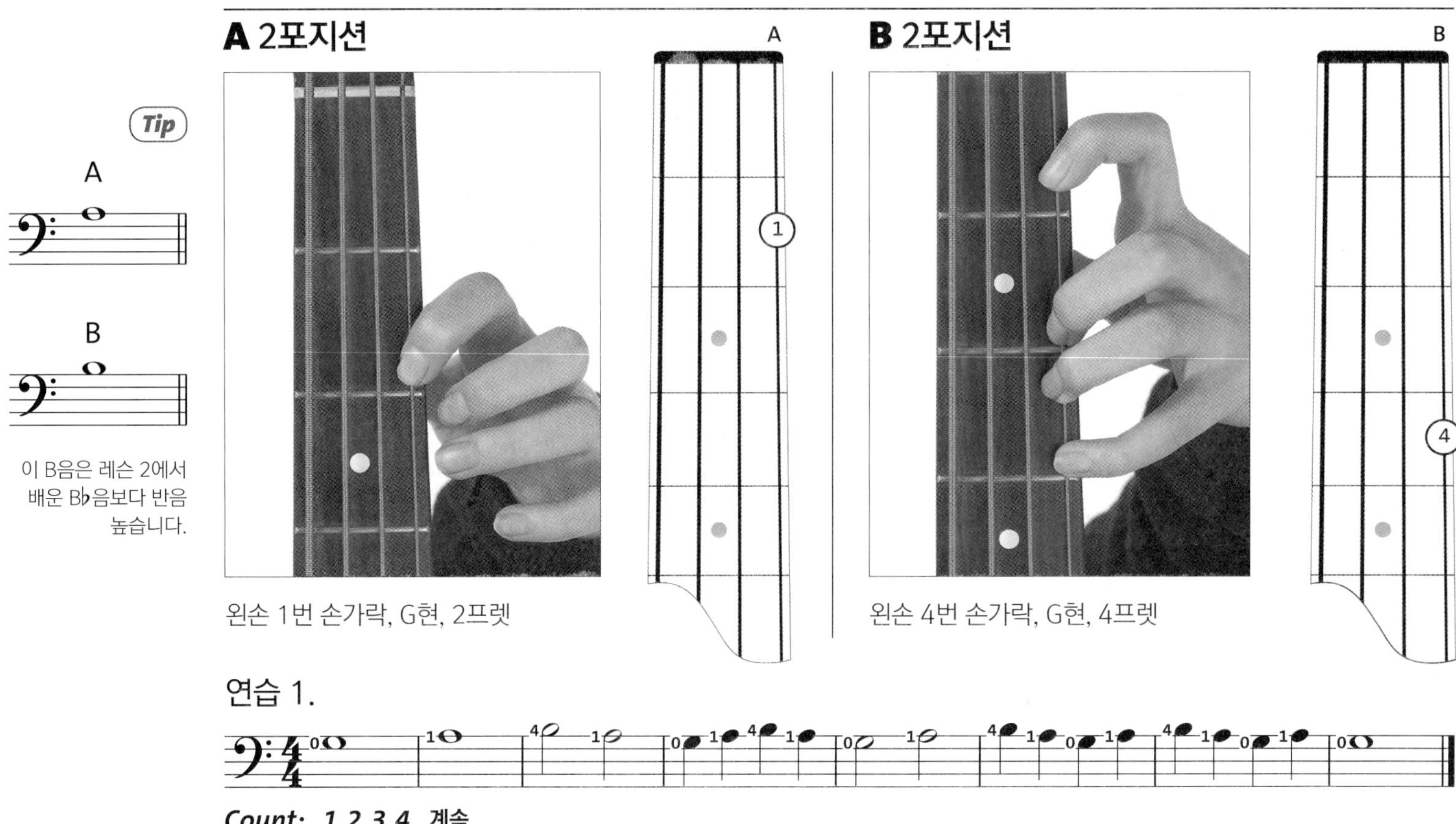

A 2포지션

B 2포지션

왼손 1번 손가락, G현, 2프렛

왼손 4번 손가락, G현, 4프렛

연습 1.

Count: 1 2 3 4 계속

E

F#

4번 손가락을 누를 때 다른 손가락도 함께 누르세요.

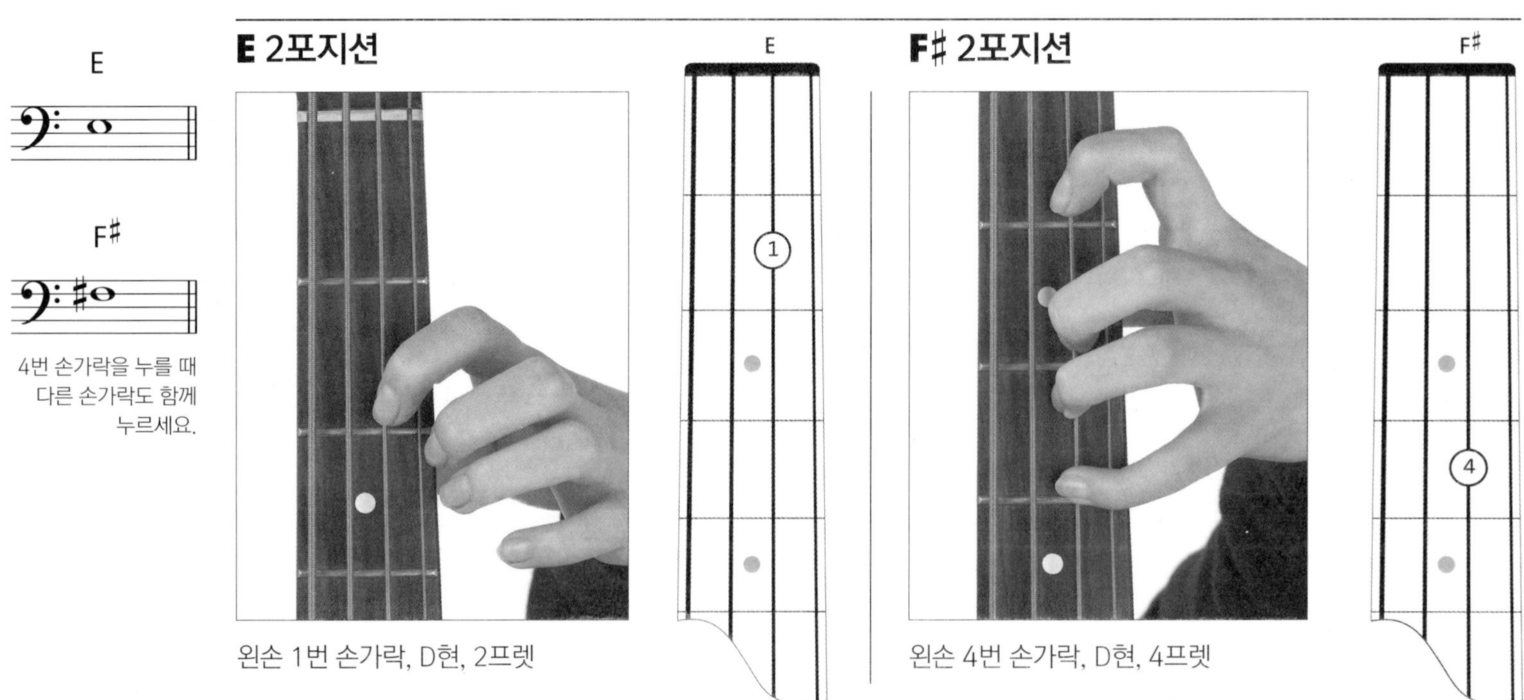

E 2포지션

F# 2포지션

왼손 1번 손가락, D현, 2프렛

왼손 4번 손가락, D현, 4프렛